© 2015 Éditions Nathan, Sejer,
25, avenue Pierre-de-Coubertin, 75013 Paris
ISBN : 978-2-09-255772-3
Loi n°49-956 du 16 juillet 1949
sur les publications destinées à la jeunesse,
modifiée par la loi n°2011-525 du 17 mai 2011.

N° d'éditeur : 10209001- Dépôt légal : mars 2015.
Achevé d'imprimer en février 2015 par Pollina - L71279A
(85400 Luçon, Vendée, France)

ÈVE HERRMANN

Emy et les tournesols

Illustré par ROBERTA ROCCHI

Ce matin, Emy a cueilli un beau tournesol.

Quand elle l'embrasse,
il perd un pétale.

Émy danse
avec le tournesol...

... et il perd tous ses pétales.

– Ne t'inquiète pas, dit Liv.
Avec un tournesol, on peut
en faire pousser plein d'autres !

Emy sèche ses larmes.
Elle regarde les petites graines au centre de la fleur.

Liv et Emy se mettent
tout de suite au travail.

D'abord, il faut faire des trous,
puis y mettre les graines...

... bien recouvrir de terre,

et ne pas oublier d'arroser !

Et voilà !
Si on s'en occupe bien
tous les jours...

... l'été prochain, les tournesols

seront sortis de terre !

Planter des graines et observer la germination

Il te faut :

des graines (de tournesols ou de haricots) — un petit pot en verre — une feuille de papier buvard — un petit pichet d'eau

1- Avant de commencer, fais tremper tes graines dans un peu d'eau toute la nuit.

2- Demande à un plus grand de couper une bande de papier buvard, de la hauteur de ton pot. Enroule le papier et place-le dans le pot.
Il va se dérouler et se coller contre les parois.

3- Place des graines entre le papier buvard et la paroi du pot. Si les graines sont humides, elles vont se coller au papier.

4- Verse un fond d'eau dans le pot.
Chaque jour tu devras en remettre un peu.

5- Observe les graines. Très vite, tu verras les racines pousser vers le bas, et une petite tige s'élever vers la lumière.

6- Quand tes plants sont assez grands, il faut vite les mettre dans un pot de terre (ou dans ton jardin) pour qu'ils continuent de grandir.

7- Si tu as planté des tournesols, tu récolteras de nouvelles graines au centre de la fleur. Si ce sont des haricots, laisse-les sécher et récolte les gros grains cachés dans les cosses !